世界一幸せなプリンセスになるための魔法の書

木花　かぐや姫

はじめに

プリンセスになるための魔法学校開幕です

初めまして皆様、ご機嫌よう。木花かぐや姫です。この本を手に取って下さりありがとうございます。

さっそく作者の紹介をしますね。私は自然豊かな田舎街で生まれました。幼少から、世間では霊能力と言われる、ちょっとした透視ができました。

クジや懸賞など当たるのは常連のこと、見えないモノが話しかけてきたりお友達の月経がくる日を言い当て、妹の出生時間もピタリと特定できました。

私の中ではそういった日常が普通でしたので特に気にすることもなく、また父親も病気を癒し、治す力がありました。


時は進み中学に上がる頃、学校で人間関係が上手くいかなくなり、気がつけば不登校になりました。その頃から私は自然とスピリチュアルの世界に魅せられていきました。

なぜ私ばかり苦しい思いをするのかと毎日苦しんでいたのですが、引き寄せの法則を実施してから高2の春には全てのことがうまくいくようになりました。

放送部に所属しコンクールで2年連続優勝、生徒会では文化部長を勤めました。

告白をされたりアドレスを聞かれたり急にモテモテになりました。あの頃から私の人生は回り出したと実感しております。

そして現在は優しい夫に恵まれ、幸せで穏やかな専業主婦の暮らしを謳歌しております。この10年で私が編み出したスピリチュアル×プリンセス、スピプリ♡の教えをもとに、生徒の皆様にも日夜励んで素晴らしい人生を送ってくださることを心より願っております。

学校長　木花かぐや姫より

魔法の書の使い方

この本の使い方を軽く説明します。好きな項目から開き、その項目から実践してよしです。むしろその時悩んでいる項目を優先的に読むことをお勧めします。読んだ後は試してくださいね。この地球という星は皆物体を持って生まれたので、行動しないことには何も始まりません。そして物事にはタイムラグが存在します。想像してある程度動いたとして、つまりタネをまいてお水をあげてもすぐに芽は出ないのです。

タイムラグは人によりけりですが、早くて3ヶ月~半年、遅くて3年以上要する場合もあります。ですが安心してください。あなたを幸せにするためのタイムラグです。宇宙は完璧なタイミングを作ってくれますので、待っている間も安心して過ごしていてくださいね。

諦めそうになった時も信じる気持ちを忘れずに。そうすれば必ずあなたの願いは実現します。だってこの本は魔法の書ですからね。

もくじ　／　世界一幸せなプリンセスになるための魔法の書

第二章　プリンセスの恋愛

第三章　プリンセスの人生

第一章　プリンセスの暮らし

スピリチュアル×プリンセスとは?

プリンセスプリンセスって私は一般庶民です！　と言いたいそこのあなた、確かにプリンセスとは、王室に生まれた位の高いお姫様のことです。

ですが小さい頃、無条件にお姫様に憧れて夢見てはいませんでしたか？　私は今でも憧れています。美しいその響きにもうっとり。私はディズニーアニメのシンデレラのストーリーが今でも大好きです。多くの女性はいくつになってもお姫様に憧れを抱いています。それはなぜでしょうか。

自分なりに研究した結果、インナーチャイルド、つまり潜在意識の中の子供のような自分が、プリンセスのように自らを扱って欲しいと切望しているからだと認識しました。プリンセスはまわりから大切にされ、綺麗なお城で優しい王子様と永遠に幸せに暮らしましたというのが鉄板ストーリーですね。

そこに引き寄せの法則は働かないのか？　と考えたのです。

自分をプリンセスのように扱って、気遣ってあげることで、自分の中のプリンセス願望ちゃんが喜びます。そして引き寄せの観点から、実現したように振る舞うことで、まるでプリンセスのような素敵な暮らしや物事、そして王子様と呼べる素敵なパートナーが現象として引き寄せられてくるのです。

プリンセスですもの、身だしなみもロイヤル風に

プリンセスといえば毎日素敵なお召し物を着ておられます。自分のサイズに仕立ててもらった素敵なドレスを何着もお持ちです。そしてプリンセスは公の場に出ることが多いゆえ、必然的にそのドレスの数も増えていきます。

私たちは日常生活でそこまで大量の洋服が必要になることはありません。ですが、プリンセスになりきるのであれば、やはり清潔で綺麗に見えるお洋服を着ることが重要になってきます。

私は値段の高い服もプチプラも好きでどちらも良さがあると思います。値段の

高い服は生地が良いので長く着用できます。プチプラは中には生地がしっかりしているものもありますが、大半はワンシーズンが限度かなと思います。少しお高めのワンピースは、ホテルへ行くときや外出用にと決めています。お家で優雅な気分になりたい時も着用して、一人お姫様な気分に浸っています。花柄や淡いピンクのワンピースはとっても幸せな気分になれます。

普段はプチプラな白いトップスに細身のパンツを履いています。靴は雪の降る日以外は基本黒のパンプスと決めています。アクセサリーもシンプルです。

カルティエで購入したダイヤモンドの婚約指輪をはめています。メイクは薄めナチュラル、髪型は毛先をふわっと内側に一回カールさせるのがマイルールです。この自分で決めた『シンプルイズザベストコーデ』がとてもお気に入りです。

毎朝10分もあれば用意が完成できるので、出勤前には便利かと思います。綺麗目な雰囲気と清潔さがあるコーディネートなので、どこへでも気軽に立ち寄ることができます。私はこのコーデを決めてから朝の時間も節約できました。

見た目も綺麗になったので、心に余裕ができ「今日もロイヤル級に素敵ね♡」と鏡の前で呟いているのです。

皆さんもぜひ、自分なりのロイヤルコーディネートを考えてみてはいかがでしょうか？

きっと素敵な日々が始まりますよ。

品のある服装で過ごすと人生が変わる

私が洋服を着る上で日頃から心がけていること、それは生地の状態です。高級な服ではなくても、自分が着ている服はプリンセスのドレスと同じです。

洗濯でシワになった服は、当て布をしてアイロンをかけ、襟元にメイク汚れがついた場合はその日のうちにウタマロという石鹸で綺麗に落とします。日頃からお洋服の状態を確認しておくことで、いつ外に着ていっても大丈夫に準備しておくのです。

それでも着ていると、どうしても出てくるのがピリングです。ピリングとは織維が絡まり玉を生じることです。よくニットの脇の下や袖の裏にできるボソボソしたアレです。また、取れない汚れがあったり、破れほつれがあるものも潔く捨てています。ありがとうと感謝の気持ちを込めて黒い袋に包みゴミ袋に入れることで、直接ゴミの中に放り込むよりなぜか心がほっとします。

お洋服って不思議で、長年着れば着るほど自分の分身のような気がしてきます。捨てるときはこの工程を挟むことでグッと捨てやすくなります。

話は変わりますが、私はこの本のために面白い検証をしてみました。ダボダボっとした自分の気に入らない服装で、髪もはねたままほぼスッピンでマスクをして街を歩いたのです。

まずパン屋さんに入りました。するといつもはこんな人いないのになあと思う意地悪なおばさんに遭遇。私はたまたまレジに並んでいてお店の人に呼ばれたので、おばさんが前に並んでいるのを気づかず、抜かしてレジに行ってしまったのです。

あっ間違えたと思って、横を見るとすごい剣幕で睨んでいるおばさんがいたので、すぐ列の後ろに並び直したのですが、その後もずっとおばさんは店内で私の動きを観察してきました。ずっと睨まれているので嫌な気持ちになり、食べたらすぐ帰ろうと立ったところ、お水をこぼして服は濡れるわ寒いわでさらに情けない気持ちになりました。

その後も悲劇は続出。全体的に変な人が絡んでくるような日でした。帰りのエレベーターでもいつもは何階ですか？　と聞かれるのにみんな無視。

いや〜、見かけって大事ですよほんと。今思えばとても検証のしがいがありました。まず自分の気に入らない格好でメイクもせず外を歩くことが自分としては許せなかったので、朝から気分は良くないです。その気分に同調して変なことは寄ってくるものなんですね。
後になって気づいたのが、パン屋で遭遇したおばさんもほぼスッピンで髪はボサボサ、あまり身だしなみを気にしていない様子でした。類は友を呼ぶってこのことなんですね。テキトーな格好で３６５日暮らしていたらこんなことが続く人生になることを考えると恐ろしい・・。もう二度とあんな格好したくない！笑
綺麗な服装でお出かけしているいつもの日常と比較すると大違い。まずパン屋でボーっと列に並ぶこともないですね。基本レジは空いていますし、マダムや紳士などの品格あるお優しい方が大半です。前に同じようなことがあったとき、笑顔で「どうぞ〜」と順番を譲ってくださいました。本当に暖かい笑顔。同じパン屋さんなのに出会うお客のこの差はなんだったのか。
やはり身だしなみって人生を変える上で重要なポイントになります。素敵な方

達との出会いを作るためにも自分が納得できる綺麗な服装で過ごしましょう。そうすれば必ず人生は好転していきます。私が検証済みです。笑

そして勘違いしてはいけないことは、品のある服装とはただハイブランドを着こなせばいいと言った話ではありません。自分の気に入った服を丁寧に扱ってあげることで、その服からロイヤルオーラが放たれます。そのオーラは自分だけでなく、まわりから見ても素敵だなと感じさせてしまう威力があります。

自分の身だしなみを整えることは品格をあげることに繋がります。綺麗で清潔のある服装をすることで、自分だけでなく周りの人も快適に過ごせるのです。誰かのためを思う気持ちこそ、プリンセスに必要不可欠な品格なのではないでしょうか。

類は友を呼ぶ恐ろしい法則

前述で述べた内容と少し似ているのですが、身だしなみを変えるだけで同じような人や物事がやってきます。これは友好関係でも一緒です。例えば、いつも浮気を繰り返すような子に誰か人を紹介してもらっても、その紹介された相手は高確率で浮気をするでしょう。人は同じような周波数を出す人としか付き合えないのです。

周波数とはスピリチュアルでいう表現方法の一つです。テレビのチャンネルやラジオの周波数と同じで、自ら周波数を合わせないといくら頑張っても観たい番組は見られません。

私もかつて、考えていることがマイナスで、ズレた周波数だった為付き合った男性はどこか信用の置けない性格。ケンカは絶えず辛い恋愛でした。別れ際にはＳＮＳで彼の父親に私の悪口のようなことを書かれました。これも今思えば、私はあの頃自分自身を信用していなかったから類友の法則が呼んだ結果です。このままでは同じような考えを持った人としか出会えないと危機感を感じました。

素晴らしい物事や人物と出会うには、まず自分のレベルをどんどん上げていくことです。第二章ではそんな恋愛のことについて詳しく書いています。

逆に周りが優しい人ばかり、環境も整ってきたならば自分のレベルも上がってきたということです。また周りの友達に良いことや昇進があった場合は、自分にも何か良いことが起きるという暗示でもあります。変な人が現れたり、違和感があるときは、最近考え方が偏っていないかを考えてみましょう。

意外な落とし穴　無駄毛の処理ここが見られている

プリンセスはスベスベで美肌なイメージがあります。私たちも夏は特に無駄毛の処理に体力も気力も使いますが、冬場は油断しがち。全身を永久脱毛済みの方はいいのですが、毛というものはしばらくすればまた何くわぬ顔で生えてくるものです。今回は少しだけそんな無駄毛のお話をします。

脇や腕、脚などを剃ったり、クリームで除毛したとします。綺麗になったとスッキリしても見落としがちなのは指の毛です。お店で財布からお金を出す時、見られているかもしれません。出先で素敵にネイルをしていた人の指にちょろちょろ毛が生えていたのを見たとき、はあ～そこも気にして！　と言いたくなりました。以前、私自身も彼に「女の人もここに毛が生えるんだね」と言われ恥ずかしい思いをしました。産毛なのですが、ない方が綺麗です。

もう一つ見落としがちなのが、口の上の人中の毛です。ここはスキンケアタイムに定期的にお顔剃りで剃りましょう。気がつくと生えているので、1週間に一度は確認してください。そして除毛後はワセリンなどでしっかりと保湿をしましょう。私と一緒に目立たぬ部分もツルツルを目指しましょうね♪

イライラ解消！　三十秒プチお掃除マジック

はい♡　ここで簡単に気分をリセットさせる方法を教えちゃいます！

女性ならどうしてもイライラしがちになったり、気分がモヤモヤしちゃう時ってありますよね。そんな時、洗面台を見てください。水垢がついて全体的に汚れていませんか？　朝の出勤前やスキマ時間を利用してささっと拭けばあっという間にピカピカの洗面になります。

オススメは『メラミンスポンジ』です。軽い力で汚れが落とせますから、楽しくなってついついやりすぎちゃうこともあるので、私は30秒間を目安に洗面台やシンクをゲーム感覚で磨いています。このスポンジは百円ショップでも売っていますので、ストック用と2袋買っていつでも使えるようにしています。

誰もが生理期間は気分が塞ぎがちです。早めに手を打つつもりで生理前に気になるお部屋の汚れは磨いておくと、イライラモヤモヤも不思議とおさまり、澄み切った洗面台を使うたび心おだやかに生理ウィークを過ごせます。

お部屋はあなたをあらわす鏡

お部屋といえばお姫様が住むお城の中の憩いの場。あなたは今どんなお部屋でくつろいでいますか？　そもそもくつろげる空間になっていますか？

私がこの本を執筆しているのはリビングです。白い円形カフェテーブルに、イタリアで輸入したダマスク柄の猫足椅子に座っています。特にカフェテーブルは側面の立体的な彫りが素敵で、毎日ここに座り物書きしたくなるほどお気に入りです。

リビングの照明はシャンデリアに変えました。暖かい光が揺らめいて見ている

だけで気分はもうプリンセス♡
この文章を書いているのは12月ですが、12月にぴったりのクリスマスソングをアンドロイドテレビから流しています。余分な物は置いていないお気に入りを集めたこのお部屋が大好きです。
プリンセスのお部屋の床には、埃や髪の毛は相応しくないので、気がついたらこまめに掃除機をかけるかモップがけをしています。年に一度外注して徹底的に綺麗に掃除してもらうのもいいかなと考えています。
お部屋は現在のあなたの状態を反映しています。洗濯物を畳んでいなかったり、色んな物が床に溢れていませんか？　そういう時は頭の中もゴチャゴチャとしています。なぜかと言いますと、人は潜在意識で部屋に溢れた大量のものを必死で処理しているそうです。お部屋の目のつくものは全て、無意識にこれは〜なんだと判断しているなんてそりゃ脳も疲れますよね。

私も今年の8月に無事最後の断捨離を終えました（できればこれで最後にしたいです（笑））。45リットルの燃えるゴミ袋50枚全て使いました。捨てたものは罪悪感から思い出したくないのですが、ほぼ新品のお洋服や鞄、使う前に好みの変わった文具です。大型の家具もどんどん捨てました。リサイクルショップに持っていく予定でしたが、捨てないとまた安易に買ってしまうそうなので思い切って全部捨てました。

その結果、お部屋は生まれ変わりました。物がないので掃除機もかけやすい！いつでも綺麗な空間を保てます。

そして一番変化があったのは自分自身です。なんだか部屋でくつろいでいる自分が好きになりました。以前は殺伐とした雰囲気のある部屋だったので「このままじゃいけない、何かしなくちゃ。でも何を始めたらいいんだろう」常に悶々としていました。

出先で可愛い物を見つけても即買いすることもなくなりました。文具のストックも今は購入することはないですね。自分の中の好みや流行が変わってしまう前に全て使い切る！　これが物を買った後のマイルールになりました。断捨離だけで一冊本がだせそうです。

お部屋はあなたの中にいるプリンセスがゆっくりと休息できる唯一の居場所です。少しずつでもいいので整えていき、ご自分の好きだなと思える家具や小物を置いてみましょう。基本は床に物を置かないことです。それだけで簡単にスッキリしたお部屋になりますよ！

手料理でハートウォーミングな毎日を

先日炊飯器でスペアリブ大根を作りました。5時間くらい保温にしていたのでトロトロ柔らかなお肉になりました。主人がとても喜んでくれ、瞬く間になくなりました。ホテルビュッフェで食べたものより美味しいと感動してくれたので、私も嬉しかったです。

ここ最近は、食事の時間を短縮して居心地の良い部屋作りに徹していたゆえ、出来合いの物で済ませる日が続いており、お惣菜の味にも飽きていた頃でした。

主人は帰りが遅い日もあり、私は早めに夕ご飯を済ませてしまいます。食事時間がバラバラになると作る気も起きないですよね。私は出来立てを一緒に食べたい派です。

そんな中久しぶりに手料理が食べたくなって作ったスペアリブ大根。お肉と大根を調味料で味付けて、炊飯器で煮込むだけの簡単料理でしたが、本当に美味しかったです。ただ美味しいだけではなく、私の愛情みたいな何かが入っているようでした。心に染み入るあったかいホクホクの大根を噛みしめながら手料理の良さを味わいました。

忙しく主人の帰りが遅い日は、冷凍食品やウーバーイーツで済ませる日もありますが、二人で手料理を楽しむ休日は、なごやかでささやかな幸せを感じずにはいられません。

毎日のティータイムで優雅な現象を引き寄せる魔法

やっと私の大好きな紅茶の話題に突入しました！　嬉しい（自分で書いておきながらここまで長かった（笑））。

私は紅茶の魅力に取り憑かれています。19歳から家にいることが多くなった為、1日に何度もお茶をする習慣が身につきました。前世はイギリス人!?　というくらいお茶をするので、ウォーターサーバーのお水がすぐなくなります。色んな茶葉を取り揃えて一人格別なひと時を過ごしています。

コロナ渦でお外に出られない日が続いたときは、私のティータイム熱に拍車がかかり、新しく様々な紅茶やハーブティーを飲みました。

さて、前置きはここまでとして、今回はティータイムをテーマに素敵なお話をします。

プリンセスの優雅なティータイムを想い浮かべると、三段のケーキスタンドが出てくるアフタヌーンティーをイメージされる方も多いですね。私はそこまでこだわりません。お家カフェは可愛い花柄のお皿とティーカップを使用しています。

最近はスターバックスの立体的なリボンがついた白いマグカップを好んで使っています。1日のうち一度は紅茶を入れ、小さな焼き菓子かケーキ、タルトでティータイムをして過ごしています。時間はちょうど15時あたりです。今日もこれから甘い物で癒されようと思っています。

昨日は自分へのご褒美にタルトを食べたので、今日はショートブレッド（バタークッキー）にしようかな。

可愛いティーカップに暖かくて香り高い紅茶が入っているだけで、もう優雅な気分。お姫様のお茶会の始まりです♡

日によっては、牛乳か生クリームでロイヤルミルクティーを作ります。

お天気の良い日は日向ぼっこも兼ねてベランダか窓辺でティータイム。ディズニーアニメ映画ティンカーベルのサントラをお部屋に流して気分は最高潮。ああ、なんて優雅なひととき・・とうっとり。

今でこそ自由にできる時間は余るほどありますが、独身時代はスキマ時間を利用してプチティータイムをしていました。お茶をしている時だけが私の癒し時間で、あとは色々悩みを抱えて苦悩な日々を過ごしていました。

未来が不安な気持ちと環境が不安定でいつ崩れるのか怖かったです。あの頃と比べ、環境はかなり変わりました。思い起こせば辛かったあの時期も、ティータイム時には欠かさずに優雅な気持ちを味わって先取りしていました。

全財産が０円なんてことは無視して優雅な気持ちを先どりしていたのです。まさにあの時「予祝」をしていたのですね。引き起こしたい事を今祝うのです。私は将来、自分の時間を自由にたくさん使えるお金持ちならぬ「時間持ち」になりたいと思っていたので、優雅な気持ちに浸ることは時間持ちの人そのままの日常を表していました。

そこから何年か経った今では、20代という世代ではありえないくらいの自由時間を謳歌しております。平日の昼間、おじいさんおばあさんの中に紛れ公園を散歩するもよし。ホテルのラウンジでそれこそ優雅にアフタヌーンティーをすることも可能です。全てが自由になった今、あの苦悩の日々でも毎日のティータイムを欠かさず楽しむ努力をしていてよかったなと自分に感謝しています。

あなたはどんな優雅な未来を描きますか？　紅茶でも淹れて今夜は素敵なこのひと時を味わってみましょう。優雅だなと感じた時から現象は引き寄せられていきます。

第二章　プリンセスの恋愛

妄想ワークでミラコスタスイート宿泊を引き寄せた話

私の人生最大の引き寄せ、それは大好きな人とホテルミラコスタに泊まることでした。20歳の頃はまだ地元に住んでおり、東京ディズニーランドに行くのは一大イベントと言うほど大ごとだったので、私はいつしか行った時の事を妄想するようになったのです。

ディズニーリゾート内の動画だけでなく、ミラコスタやディズニーランドホテルに泊まってみたなどの動画を毎晩見る習慣が身につきました。YouTube で宿泊された方の素敵な動画をみては自分と重ね合わせ、まるでその場所にいるかの如くときめいていました。

時は流れ3年ほど経ったある日、今の主人と初めてお話しをした時、ディズニーの話題になりました。向こうから突然「もし一緒に行く機会があればミラコスタに泊まろうか？」と聞いてきたのです。私は、えっミラコスタ？　とびっくりしました。普通のお部屋でも良かったのですが、スイートに泊まろうよと提案してくれたのです。

まだお付き合いもしていませんでしたので戸惑いましたが、これは確実に引き寄せの力が働いていると確信しました。そこから翌年交際が始まり、無事私の誕生月にミラコスタスイートに宿泊することが叶いました。グランドハーバービューというお部屋がスイートの中で一番人気と聞いたので、そちらに泊まりました。その日のよるにディズニーシーの夜景が煌く中、プロポーズされました。

そして次の日は、ランドホテルに泊まると言うすごいおまけまでついてきました（笑）。最高の記念になりました。

ここではそんな私が行っていた当時の妄想ワークを伝授します！

まず居心地の良い部屋で好きなところに座り、見やすいデバイスで YouTube を開きます。そして自分のこうなったらいいなあと思う宿泊動画を見ます。私の場合はまずディズニーシーのキャンドルナイトクリスマスハーバーショーでした。

大画面で楽しみたかったので、テレビにパソコンからＨＤＭＩ端子で飛ばして見ていました。ちょうど観ている時間も夜でしたので、部屋の電気を消して観ることに。より一層画面に没入できました。

その後、ショーの季節は冬で寒いはずだと思い、暖房を消し窓を開けお気に入りのコートを羽織りました。これでショーを見ている状態と同じ空気感になったので、いよいよ臨場感が出てきました。

隣には架空の未来の王子様と来ている設定です。王子は黒いコートを着ていました。

顔はモザイクがかかりぼやけていましたが、私に向かって「楽しみだね！」と満面の笑みです。テンションの上がった私は、動画と一緒に肩を揺らしながらショーソングを歌いました。

動画の終わる頃には感極まって大粒の涙がこぼれ、気分はすっかりディズニーシーに来ていました。その後、ミラコスタの宿泊動画を見てうっとり夢心地。私の頭の中ではショーが終わった後、ミラコスタのお部屋で紅茶を飲んでくつろいでいます。王子と今日あった素晴らしい事を語らっています。ああ、なんて素敵な日なんでしょう。こうして二人は夢のような一夜を過ごすのでした・・。

ふと我に帰ると、寒い部屋でコートまで着て何してたんだろうと自分がおかしくなり笑いましたが、この妄想ワークが全ての始まりのような気がしてなりません。

この日を境に、出先でディズニーリゾートのお土産袋を持っている人に遭遇したり、シェリーメイやダッフィーなどのシー限定キーホルダーをつけている人を見たり、少しずつ近づいている事を実感できました。田舎なのに不思議なんです。

周りでそんなにディズニーに行った人がいるなんて！

友達も最近行ってきたよと報告をうけたり、頻繁にシンクロがおきていました。

それから数年後、突然叶いましたのでこのワークはあなどれません。大切なのは臨場感とその場の感情です。どれだけ浸れるかが重要になります。笑ったり照れてみたり、時には泣いたり。感じたい思いを先取りするのです。

私はあの時まるで自分がシーに来ている錯覚に囚われました。ほんの一瞬でしたが、私は確かに部屋を超え舞浜にいたのです。あのワーク以来涙を流すほど感動はありませんが、何度も動画を見てはうっとりしていました。
今ではディズニーリゾートに年間パスポートを購入するくらい行きやすいところに住んでいます。余談ですが、今もディズニーホテルのラウンジでロイヤルミルクティーを飲みながら執筆中です。クリスマスの25日にランドへ行くので今からワクワクが止まりません。

夢は確実に叶うものです。妄想に飽きてきた頃、夢は現実になります。あなたも素敵な王子様と素晴らしい夜を過ごせるパワーがありますので、ぜひこの妄想ワークを楽しみながらやって見てくださいね♡

LINEの返信はマイペースがいちばん

皆様は、今好きな人がいますか？　まさに今その方からの返信待ちですって方もおられるかもしれませんね。私も若い頃はとにかく彼から返信が来ないとソワソワ、心ここにあらずといった感じで四六時中スマホを眺めていました。返信が遅いと送った内容が悪かったかなとか、送らなければ良かったのに、と自己嫌悪に陥りまくり。今思えばたいしたことない可愛い悩みだなと思えますが当時は大問題。

会えない時は特に表情の見えないやりとりで恋人の言葉に一喜一憂していまし

た。あれから月日は経ち今では恋愛で悩んでいるお友達に冷静なアドバイスができる立場に変わりました。本来の自然体であるあなたを愛してくれる王子様じゃなきゃ、いくら取り繕っても意味がないのです。

私がいつも悩んでいるお友達にお伝えしているのは、「あなたのペースで好きなように」です。

相手の返信が遅いとどうしても何をしているんだろうと気になりますよね。いろいろな恋愛本を読みましたが、その通りにしても不自然なだけでした。何も送らないようにと書いてあったので、しばらく何も送らない駆け引きに徹してみたり、とにかく相手を褒めまくったり、可愛く見られようと絵文字顔文字を無駄に乱用する痛い子になっていました。

完全に迷える子羊状態。今の主人に会う少し前に、アプリでいろんな男性と会いました。消防士、慶應大生、京大生、放射線作業員、製薬会社の営業、フリーターなど様々な職種や立場の人とお会いして、スマホでやりとりするうちにこの方法が一番相手の反応がいいなと気付いたんです。それはとても簡単なことでした。「私の気分の赴くままに送る」この事こそ恋愛において一番楽でかつ相手にモテる方法だったのです。

アプリで複数の人と連絡をとるうちに、私本来の姿がそこに発見できました。絵文字も特になしであっさりとした短文。まるで男性のよう。そして自分の送りたい時に送ります。お付き合いが始まると、連絡が遅いときは「遅い」と送ります。変にぐるぐる頭を巡らせるより、私はラインを送りまくるほうが楽でした。最近は相手の連絡が遅いことも何ら気になりませんが、生理中なんかは不機嫌が爆発する時もありますよ。

アプリの利点は同時進行で複数の方と連絡を取ることで一人の人に執着しなくなり、程よい距離感で接することができます。そして冷静にこの方はどんな人なんだろうと変なフィルターを通して見なくなるのです。好きになると盲目になっちゃいますよね、あれが一番危険です（笑）。

自分の好きなように、まるで猫のように気の向くままに。結局のところ、これしかないと思います。

あなたが自然体でいる時、理解してくれる王子様が現れ、あなたは必ず真実の愛に巡り会えるでしょう。それまでは紆余曲折大いに歓迎。ホップステップジャンプです！　頑張ってくださいね。

アナログな手書きのレターでラブラブな毎日

私は毎年、主人の誕生日と自分の誕生日の日に日頃の感謝を込めてお手紙を送り合っています。可愛いレターセットを普段から集めているので、ここぞとばかりに使っちゃいます。

うさぎさんの簡単なゆるいイラストを添えて、「ありがとう♡」と一言書いたメッセージカードを書いた年がありました。主人は可愛いとか大好きとか愛してるを直接言える人なのですが、私は照れちゃうので手紙ならサラッと伝えられそうな気がしてお手紙を書く習慣が始まりました。

付き合っている時の遠距離恋愛期間も欠かさず書いていました。手書きと言うのはその人の文字の癖があったりして趣や深みがあります。時代が移り変わったとしても、温かさの伝わる最高のアナログツールだと感じます。

お互いの生まれた日の夜に読み合います。日頃の感謝とこれからもよろしくねが混じり合って、今までよりいっそう絆が濃ゆくなります。

誕生日の日ではなくとも、デート毎に書いてもいいんです。好きな時に書いて渡しましょ♡

歳を重ねるごとに増えていくお手紙。そこには二人で紡ぎ出したかけがえのない大切な宝物が眠っています。

最速で叶える！理想の彼リストを作って宇宙にオーダー

最も早く理想の王子様を引き寄せる方法を伝授します。

その１　書きやすいペンと紙や手帳、ノートなどを用意します

その２　箇条書きで理想の王子様の条件をどんどん書き出します

その３　毎日を大切に過ごしましょう

以上です。

簡単なので紙とペンさえあればすぐにでもリストを作れますね。この時こだわって頂きたいのがペンの書きやすさです。サラサラ書けるペンの方がより集中して快適に書き出せます。私のお勧めはジェットストリームです。

手書きにこだわる理由は、潜在意識に手を使って書いた方が刷り込みやすくなるからです。スマホのメモは手軽なので出先でこうゆう人いいなと思う条件が思い付いたらメモに記しておき、後から紙のリストに付け加えるのもいいですね。

箇条書きに理想の彼の条件を出すことで、自分の理想がよりはっきり可視化されます。ふわふわとこうだったらいいなあなんて思っていたイメージがかっちり固まっていきます。

このリストの方法は、私が今の主人と出会う少し前に書いたものです。身長180センチで細身、人や動物に優しい人、稼ぐ人など抽象的な書き方でもいいのでどんどん出していきましょう。私は自分のリストに書いた項目以上に素敵な主人に出会えたので大満足です。

このリストを知人にも教えたところ早速書いてみたそうです。すると数ヶ月後リストの項目にぴったりの理想の彼が現れたと言っていました。その後、その彼とは別れたそうですが、確実に今までより理想に近い人だったと言っていました。

別れはその先に待っている方との出会いまで必要な学びです。運命の彼と結ばれるまで色々な事を吸収して素晴らしい女性になって下さい。

〜理想の彼リスト〜

♡ 身長175cm以上

♡ 私に優しい

♡ 家族と仲良し

♡ 収入が安定している

♡ お金持ち

♡ 年収1000〜2000万

♡ おもしろいセンスがある

♡ アニメが好き

♡ ディズニーに行くのが好き

♡ そうじも一緒にやってくれる

♡ わりとイケメン

♡ アイドルや俳優のような人

♡ 服装がおしゃれ

♡ 一途に愛してくれる

…etc♡

「理想の彼リスト」は何度でも書き直して更新していきましょう。イメージや理想がはっきりすることで、引き寄せの力が強く働き実現へと動き出します。

リストを書いたあとは、安心して日常生活を過ごしましょう。理想の王子様を乗せた白馬は加速してこちらへ向かっているのですから。絶対に大丈夫♡

親しき仲にも礼儀ありですわよ

　今年で主人と出会って４年目になります。一緒に生活していると、どうしても相手の言動や行動にイラッとくることは誰でもあると思います。自分の態度が大きくなりすぎないよう自己確認しています。日々日記をつけているのですが、反省点やここをこうしたらもっと良くなるなど書き記しています。

　昔、とても優しい彼とお付き合いをしていたのですが、私はその優しさに甘え、わがままになっていきました。その結果連絡が途絶え、会うこともなくなってしまったのです。

ＬＩＮＥのお話の時に書きましたが、『好きなように振る舞う』とは、『わがまま好き放題していい』と言ったことではありません。猫のように、と言いましたがずっと不機嫌で怒ってる猫ちゃんは見たことがありませんからね。親しくなるにつれて、礼儀知らずになっていく事に自分で気づくことができれば、取り返しがつかなくなる前に防ぐことができます。どんなに仲良くなったとしても、何十年の付き合いになっても、王子様に対する敬意を持ったあなたはとても素敵な正真正銘のプリンセスです。

迷ったらタロットカードで占ってみよ

近年タロットカードやオラクルカードのリーディング動画が youtube で増えています。例えば「好きな人はあなたのことをどう思ってる?」の内容でも本当にたくさんの動画が上がっており、つい何本も見たくなってしまいます。

カード自体の種類も豊富で、ネットで検索すると様々なイラストで描かれたカードデッキが販売されています。自分の好きな絵柄のタロットカードで占うとテンションが上がります♡

私は昔からリーディングできる能力があり、よく的中するので先日私のお友達に気になっている人ができたから見てほしいと頼まれました。

タロットカードは的確な答えをくれて、オラクルカードがそこに優しく補足を付け加えてくれるので、普段は二つのデッキを利用してリーディングするのですが、この時は単純明快な答えが必要だなと思いましてタロットのみ使用しました。

二人の近未来を占った所、お互いに恋のトラウマを抱えており中々前に進められないと言った現状が出ていました。しかしお相手のお気持ちの所には太陽が出ました。タロットの中では一番良い大アルカナカードです。これはひょっとしたらこの先二人は付き合う可能性もあるのではと思いました。

私はお友達に、「お相手はあなたのことが気になってるみたいですよ」と告げるととてもほっとしたようでした。その後、お友達はそのお相手の方とお食事に行く事になりとても楽しい時間を過ごしたと報告がありました。お友達も辛い恋愛の過去を乗り越えて新たにあゆみ始めました。私はそんなお二人のことを陰ながら今後も支えていけたらいいなと思っております。

タロットカードには背中をそっと押してくれる不思議な力が宿っています。潜在意識下で思っている自分の気持ちや知りたいあの人の心の中も浮き彫りになります。占いの専門店に足を運ぶのも良いですが、ここぞと言う質問がしたい時、あなた自身でリーディングしてみましょう。迷った時や悩んだ時、少し先の未来を良くするにはどうしたらいいかカードに問いかけてみると、そこにはきっと自分の考えていたことより想像を遥かに超えた真実が眠っているかもしれません。

あなたにとっての幸せな恋愛とは

ここまで数々の魔法をお伝えしてきました。どの魔法もこれからの人生で役に立ってくれるでしょう。

ここで提案なのですが、あなたはプリンセスです。世界にひとりだけのかけがえのないプリンセスです。プリンセスはこれからどんな恋愛がしたいですか？

ここまでお相手を「王子様」と表現してきましたが、性別は決まっていません。あくまでもあなたにとって王子様と呼べる存在でいいのです。例えば二次元のプリンスに恋してる方もいます。いつか仮想空間でデートが出来たり、結婚できるかもしれません。それがあなたにとっての幸せならば、世間にまだ認められていなくとも貫いてほしいと思います。引き寄せの法則の原理から言えば、三次元で二次元のキャラにどこか似たような方が現れる可能性も秘めています。

大切なのはあなたが誰といる時に幸せを感じるかです。人それぞれ価値観は違って当たり前です。時には辛い恋愛もあるかもしれません。どんな時も何があっても自分はプリンセスなのだと言うことを忘れないで。素敵な恋愛は、あなたが自分のことを愛し自分に「恋してる」頃に自ずと訪れます。

第三章　プリンセスの人生

ひとりでも楽しい！

ここからは独身の方、つまりおひとりさまにも向けた魔法になります。

社会における『おひとり様』の意味が世の中にだいぶ認識されたこの頃、気軽に入れる居酒屋やラーメン店、ひとりで利用するヒトカラ（カラオケ）などが増えています。私も独身時代はひとりでどこまで楽しめるか毎日挑戦したものです。

ひとりカフェ、映画、ショッピング、ひとりホテルにひとり旅。それでも独身の自由気ままさは何ものにも変えがたい大切な時間でした。いろんなタイプの人と付き合って恋愛を謳歌する人生もよし、グルメ研究をしたりペットを我が子のように愛したり。

ひとりで人生を楽しむために大切な事、それは自分自身に恋をすること。あなたの好きな人みたいに私のことを特別視してあげましょう。私は鏡の前に立って自分の顔を見る時、ニコって笑います。そして鏡の中の自分自身とお話をするのです。

今日の体調はどう？　元気？　どこに行きたい？

自分と心の中で対話をする事に最初は抵抗がありました。何してんだろ。なんか変な感じ。違和感だらけでしたが、しばらく鏡の前で話かけていくうちに慣れてきたのか自然な会話ができるようになりました。

自分が何を思っているのか。何をしたいと思っているのか。日常生活ではつい自分を後回しにしがちな事に気付いたり。ひとりで暮らしていても『私』の存在を忘れちゃいけません。心の中の『私』と仲良くなると毎日楽しいですよ！　どこへ行くにも何をするのも一緒。まるで双子ちゃんみたいですね。カフェに入っても、これ美味しい、また食べに行こうねって自分と約束したり。

朝支度が終わってふと鏡の自分と目が合うと「今日も可愛いねっ」て自分に褒められます。自分と会話をたくさんして世界中で一人だけの『私』と今生きている日々を大切に、丁寧に、暮らしていけたらそれはもう最高の人生です。

生き物は誰しも平等にいつか必ず死が訪れます。その時唯一、寄り添ってくれるのは心の中の『自分』のみ。人生最後の瞬間も側にいる『私』を愛して下さい。

ペットのいる暮らし

一人暮らしとは時にさみしく、人肌恋しくなるものです。人間なら誰しも眠れない夜も一度は経験があるもの。私もホラー映画を観た後は必ず眠れなくなります。

幼い頃の私は、常に寂しさを抱えて生きているような子供でした。もちろん家族と一緒に住んでいましたが、皆苦しんで生きていることをどこか心の底で感じとっていました。

当時は祖父母と父親の４人暮らし。仕事で忙しい父、胃潰瘍の祖父、脳梗塞で糖尿病の祖母は体が思うようにいかず手料理はあまり作らない家庭でしたので、私は小さい頃の食卓の記憶が曖昧です。私自身も小学生から毎日自分でご飯を作るような優等生ではありませんでした。父親が買ってきたスーパーのお惣菜かカップラーメンの日々。私はそれでも全然幸せでした。むしろ馴染みのない手料理よりもカップ麺の方が好きでした。

ある日父親の用事でホームセンターについて行った時、リッキーと出会いました。私の小学生から大学に上がるまでずっと寄り添ってくれたゴールデンレトリバー。のちに私の最高の相棒になります。性別は男の子。出会ったときはまだ五ヶ月の子犬でしたが、大型犬なのでガラスのゲージがとても窮屈そうに思えました。

そこから何度もホームセンターに通い、父親と祖父になんとかお願いして我が家に来る事になりました。最初の頃は子犬なので夜泣きが激しく大変で目まぐるしい日々を繰り返していましたが、振り返って見ればあの子が私の寂しかった毎日を愛のある日々に変えてくれていたことに気づきました。

小2でいきなり妹と離れ離れになり、家に遊び相手がいなかったのでリッキーが兄妹がわりをしてくれたんです。学校が休みの日はたくさん遊びました。ボールやフリスビーを投げて取ってきて貰ったり、骨のガムをあげたり、そばで一緒に寝ちゃったり。中学生になって友達との関係で悩んだ時は、泣きながらリッキーに抱きついたことも。リッキーは静かに私の悩みを聞いてくれました。リッキーが来てから家に漂っていた悲壮感や孤独感は無くなったように思います。

庭でお昼寝している姿を見るだけで、心にカイロを貼ったようにポカポカ暖かい。ペットを飼って人生変わったと耳にしますが本当です。リッキーは素晴らしい想い出を作ってくれた天使です。

私はもしこの先お一人様になったら、ゴールデンレトリバーを飼う予定でいます。

推しを見つけよう！

近年、舞台俳優やアイドル、アニメのキャラクターの追っかけをする女性が以前より増えたように感じています。コラボカフェやチェキなど多岐に渡る魅力的なイベントも目白押し。コロナ渦で制限をされつつもできる範囲で皆楽しんでいますね。

推しくんが愛しい。尊い。「推し」とは〝一押しのメンバー〟の略語です。元々はアイドルグループから広まった言葉でしたが今やもっと幅広く使われています。

仲良しのお友達同士にも親しみを込めて「〇〇ちゃんは私の推しだよっ」と表

現をすることもあります。私にも「推し」ている人や物事があります。女性の声優さんです。今はコロナ渦でＬＩＶＥはオンライン参加ですが、昨年もクリスマスイブにオンラインＬＩＶＥを観ました。ケーキと紅茶とクリスマスチキンを用意して、気合を入れた髪型とメイクで完全武装してＬＩＶＥに挑みます。これでいつでも彼女に会える準備は整いました。

テレビで配信画面を映し、音量も近所迷惑にならないレベルで大音量にし、いざオンラインＬＩＶＥへ☆

画面に声優さんが現れた時から胸のときめきが止まりません♡

私は恋愛感情というより憧れに近いものを感じてときめいています。彼女のストイックさ、ダンスのキレ、可愛い歌声・・・良いところをあげたらキリがないのですが、とにかく私が高校生の時からずっと追いかけています。彼女のことが大好きで心変わりなんてあり得ません。笑しかし「推し」ている人やキャラクターは何人いてもいいのです。アニメのキャラなんて次々に魅惑的な人が出てきますからね。「推し事」にはお金に気力、体力も必要ですが、今の自分の財政状況に合わせて楽しめたらそれでいいのです。

私はマスキングテープやレターセットのような紙モノも集めています。インスタでいろいろな情報を集めているうちに、とある作家さんがお気に入りになりました。その方の新作を見ているだけで目の前が明るくなります。買って満足、手に取り見つめる幸せ、飾ってうっとり、使ってワクワク、紙モノ愛が止まりません！

好きな人やモノは多い方が幸せ度合いも高くなるような気がします。一人時間が今までより充実すること請け合いです。

国民的アニメーションは至高の日常アニメなり

私が一人暮らしの時から好んで視聴しているのが今や超国民的アニメーション、日曜日の代表アニメである「ちびまる子ちゃん」と「サザエさん」この二つを大体毎日サブスクで観ています。観ているというより正確にいうと部屋がシーンとしているのが寂しいので、「会話の音」欲しさに始めた習慣です。元々ちびまる子ちゃんとサザエさんは録画していたのですが、少し前にAmazonプライムで大量放出されたのを機にサブスクの方を利用しています。

家のテレビはアンドロイドテレビなので基本のサブスクアプリはなんでも揃っ

ています。まる子やサザエさんの声が朝から晩まで一日中響いているので何だか一緒に暮らしている家族のような錯覚。笑

１９７０年代のサザエさんはとてもシュール、動きも面白いモノがあります。同じく放映開始すぐのちびまる子ちゃんもキャラクターの動きが奇をてらった様子でクスッと笑ってしまいます。特にサザエさん初期はどこか狂気じみた雰囲気でカオス。また、戦後すぐの高度経済成長真っ只中の時代背景さえも感じ取れます。

時にはほろっと泣けるストーリーもあるのが国民アニメの良いところ。ちびまる子ちゃんやサザエさんの登場人物は、永遠に歳を取らないまま日々が過ぎてゆきます。何気ない日常を懸命に生きているさくら家と磯野家に幾度となく励まされました。

このアニメの好きなところと言えば、季節が移り変わるところです。リアルタ

イムでご覧になるとわかるように現実とリンクしています。サブスクも連続視聴していると一日で春夏秋冬を終えることも。笑
四季折々の話もこれまた風情があるものです。日曜日の放送時間に見ていればそれがわかります。例えば夏に冷やし中華を食べながら見ていたら、サザエさん家の食卓にも冷やし中華が出ていたなんてこともよくあります。何だか自分の世界でも磯野家は存在している気がしてくるのです。
そしてこの二つのアニメの最大の特徴は、ロングランで話数がとんでもなくたっぷりあることです。通常の日常アニメは早くて十二話、長くて二四話くらいで終わりますがこのアニメたちは格別です。難民にもなりませんし、これこそ最高峰の日常アニメだと私は確信しています。

やり遂げた事リストを作ってみよう

毎日やらなきゃいけないことがたっぷり…。でも今日はなんかやる気が出ない。鬱々とする…そんな日が誰にでもありますよね？

私にもあります。私は天候に気分や体調が左右されるタイプなので晴れている日は大量の家事をすごいスピードでこなしていけるのですが、雨や曇りの日は朝から体が重〜い。そんな時洗い物や洗濯、掃除が待っているとますます動きたくなくなります。笑

つい最近編み出した方法でこういった日にもなんとか頑張れるようになりまし

魔法の不用品整理

昨年、四十五リットルのゴミ袋を50枚分、満杯にして不用品を捨てました。なぜそんなにもゴミが出たかと言うと、今まで生きてきた中で小学生の頃から捨てられなかった物をため込んでいたからです。昔読んでいた漫画や集めていた消しゴムやペン、メモ帳が主でした。後は使っていない鞄に洋服です。パッとしない日々に人生が行き詰まっているような感覚を覚えたのです。

専業主婦で幸せなのにゴチャゴチャしている頭の中。部屋が一つ物置になっていたのを見て見ぬふりをしていました。お片付けの本を読みあさり、家の中で使っていないものが置いてあるだけの部屋があると運気が上がらないと書いてありました。

そこから、捨てる！　捨てるぞ全部！　と決心した私は最初こそゴミ袋に新品のものを入れるのは抵抗がありましたが、慣れてくればこれは要らないかなという判断が下されたモノは迷わず捨てることができました。不用品買取の店に持っていくものもありましたが、大半はゴミに出しました。こんなに捨てたら地球に申し訳ないという気持ちがありましたが、次から買ったモノはすぐ使うと決めて二度と繰り返さないと決心をしました。

捨てる日々が続いて一ヶ月が経った頃、部屋が広くなっていました。そして卒業アルバムや写真も全て捨てたので過去をも捨ててスッキリしました。みんなは真似しないでね。笑

もちろん子供の頃の楽しい思い出は胸の奥にしまってあります。ただ、モノは

もういいかなと思ったのです。捨てるのが楽しくなって結局家中を整理する事になりました。ガラーンとなった家の中を見渡してみると引っ越ししたくなり、物件もとんとん拍子で決まり、今の家にいます。物が溢れている時は考えもつかなかったことをやるようになりました。

学びたいことができ、学校にも通う事になりました。知識は部屋の床を塞ぐことはありませんし、良いお金の使い方だなと思っております。自炊も前よりしやすくなりましたのでスコーンやパンケーキなどのお菓子も作ったりしています。

不用品整理ってすごい！人生を変えるのに手っ取り早い魔法です。

ライフワークとライスワーク

近年ライスワークなんて言葉を良く耳にするようになりました。読んで字のごとく、『食べていくためのお仕事』を言います。

ライフワークはその反対で、『夢や好きな事を仕事』にする事です。

私はライスワークに良い悪いはないと思っています。みんながみんなライフワークに手を出し始めたら社会の動きが変わってしまいます。しかしこの先ロボットやＡＩ技術が発達して、人間の仕事に変化が訪れる時がやって来ると言われています。クリエイティブな仕事も、例えば音楽や小説などもＡＩが作ったものになるかもしれません。この曲は人間が作ったの？　それともコンピューター？

と判断がつかなくなりそうですね。

ライスワークは食べていくために働いて、毎日私たちの命を消費しています。どの職種も大切な社会貢献で尊いお仕事です。しかしこの先今しているお仕事の雇用がなくなったら何をして生きていこう・・と迷った時に、自分の好きな事で生きていけたら素晴らしい人生を歩めると思いませんか？

プリンセスも毎日ちゃんとお仕事をしています。国民の顔ですから、常に笑顔を絶やさず他国の方とも上手く交流して世界平和を維持しなければなりません。どんな憧れのお仕事にも辛い事はつきものです。好きな事を仕事にすると、好きだったのになんだか嫌になってきたなんて思う事もしょっちゅうです。

ですが、それ以上にやりたくないお仕事をしてるより、生きている事をひしひしと実感できます。だから「ライフ」ワークというんですね。

あなたはこれをやっていると時間がすぐに経ってしまうと言った趣味はありま

すか？　またやりたいなと思っているけど、自信がなくて踏み出せないでいる事はありますか？

一日は短いです。そしてプリンセスの一生はお花のようなものです。ぼーっとするのも楽しいですが、生き生きした日々を送るためにも、何かライフワークにつながる趣味を始めてみましょう。

趣味も特に思いつかないなあと思ったそこのあなた！　それはチャンスです。無趣味は多趣味になれます。いろんな事をかじってみるのです。違うなら、向いてないならやめれば良いだけのこと。あなたがこれをしているとなんかほっとする、楽しい、ワクワク、前向きな感情が出たらライフワークになる可能性が大いにあります。

何事も自然界では「3」という数字を目処に形作られるそうです。良い感情で過ごしながら3ヶ月でも良いので好きな事を続けてみましょう。今は芽が出なくても徐々に結果が現れてくると思います。

働いている方は、お休みの日に時間を作ってやりたい事やなりたい職業を調べてみましょう。趣味をとことんやる日を設定しても良いですね。余暇を使ってたくさんしたい事をし、心から楽しみましょう。

趣味を楽しんだり、好きな事を続けていると、道が開けやがて生活できるくらいの収入が入るようになります。自分のしたい事をしてみんなが笑顔になってくれたらこれ以上の幸せはありません。

あなたが本当にやりたい事はなんですか？

スマホのメモで自分を攻略する魔法の取説

私はいつしか、買い物で失敗したときや落ち込んだ時などに、スマホに傾向と対策を書いていていました。それが気がつくと、自分の説取り扱い説明書になっていたのです。人って自分でも自分の扱い方が分からないですよね。

そんな時スマホのメモ欄を見返すと私だけのトリセツがあると心強いです。スマホはいつも持ち歩くもの。ふとした時に書き込めるので荷物にもなりません。

私の取り扱い説明書は・・

・落ち込んだ時は、紅茶とケーキを買ってあげてね♡
・アニメやこの映画を観たら絶対気分が回復します。だから大丈夫だよ
・文具は使いきれないのでストックを買わないこと！
・靴は「22」でも作りによっては足に入らない事もあるので必ず試着
・手帳を書くとどんな時でも心が安心する
・動き回った週末の次の日は必ず休息を取る
・紅茶は一日2杯まで
・夜に寝むれなくなるのでカフェインは摂取しない（生理中は基本ノンカフェインかハーブティー）

・チョコレートはニキビに毎回なるので控える

などなど一度失敗した経験を踏まえて、今度はミスらないための対策を残しています。あとは自分が立ち直るための方法をつらつらと書いています。

このメモをたまに見返すことで、「ああ、そう言えばそうだった気をつけよう」と定期的に気が引き締まりますし、なんだか自分のことが一生懸命で可愛いなと思えてきます。自分を攻略するのにうってつけの魔法の取説になります。

お試しあれ♡

人生の転機は自分で作る

タロットカードに「運命の輪」なんて名前のカードがあります。運命が回りだして人生のターニングポイントが訪れますよという意味です。私はこのカードがリーディングで近未来に出た時、自分からターニングポイントを迎えに行っちゃいます。つまり転機を自分で引き起こすのです。

タロットで占わない時も、今の環境にモヤモヤしたらノートにモヤモヤの理由を書き、「どうしたら良い？」と一人会議をします。

自分と対話をしていくうちに「ここが嫌なのよ」とか「ここに行きたい」など希

望やリクエストが明らかになるわけです。その要望をできる範囲で叶えてきました。

時には大胆な決断が必要だった事も。２年前に私含め主人と二人モヤモヤを抱えていました。田舎で暮らすのは何か私たちにあっていないよね、本当にしたいことは都会でバリバリ働くことだ！　と気づきました。私は買い物とディズニーに行くことが生きがいなので、家の周りにお店がない、夢の国のキラキラ感がないのは耐えられませんでした。

主人は関西出身で東京に転職するのも大きなリスクがありました。ですが思い切ってこっちに引っ越してきたら、念願だった職種に恵まれ関西にいた頃より断然イキイキして見えます。

私は引っ越してから毎日がキラキラしています。バスに乗っても電車に乗っても私の目には景色がイルミネーションのように輝いて見えるのです。この前またミラコスタスイートに泊まって来ましたよ。プールサイドで紅茶を飲んでいました。

転機を作り、行動することで夢がいっぱい叶いました。時には自動的にかなう夢もあります。それは神様からのボーナスかもしれませんね。

ほとんど、転機は待っていてもそうそう訪れません、自分で作るのです。チャンスがくる前にチャンスを生み出してしまいましょう。

人生は自分でドラマティックに変えることができます。あなたのまだ見ぬ可能性の光を見せてください。

今この本を執筆しているのも新たな転機になる予感がします。

ありがとうと唱えるだけで体調が復活する話

言葉には言霊が宿ると昔から言い伝えられています。あれは本当です。

有名な実験で、お水を入れたコップに「ありがとう」と「バカやろう」をそれぞれ言ったものを顕微鏡で覗いてみると、ありがとうの方は綺麗な結晶ができていましたが、バカやろうの方は崩れていたそうです。写真をみると良くわかります。

私はこの実験を知った時に日頃の言葉使いに気をつけなくちゃと思いました。

人間の体内も60～80パーセントが水なのだから、綺麗な体内になるかもしれないと思いつき、体調が少し優れないなと思ったらすかさず「ありがとうありがと

うありがとう」と何度も小さな声で唱える事にしました。

5分程自分に言い聞かせているとだんだん体調が回復して、楽になっていくのです。乗り物酔いの時も試してみたら効果がありました。これは事実です。

「ありがとう」ってほんとに、魔法の呪文なんです。

これからの人生で「ありがとう」の呪文と共に生きると鬼に金棒です。

ありがとう様、いつも本当にありがとうございます。

終わりに

この度は最後までお読みいただき感謝の気持ちで胸がいっぱいです。

世の中は土の時代から風の時代に移り変わろうとしています。人々の価値観やライフスタイルも二極化多極化していくと思います。

私のような一般人が書いた書籍もたくさん出版され、書店に並ぶ予感がします。

情報が溢れるこれからの時代に、何かあなたに寄り添ってくれるお守りになる本を作れたらという思いから、この魔法の書が出来あがりました。

私が生きていく上で皆様にシェアしたい内容を詰め込んでいます。いつか機会がありましたら皆様の前で直接講演する予定です。たくさんの素敵なお姫様にお会いできるのが何より楽しみです。

世界中のプリンセスが幸せな花を咲かせられる事を心よりお祈りしております。

２０２１年7月

愛を込めて　木花かぐや姫より。

<著者>

木花かぐや姫

幼少期の頃より霊能力があり、中学時代から精神世界を探求するようになる。様々な経験を重ねた 10 代を経て、女性の幸せについて〝スピリチュアルプリンセス〟の考え方を広めることを決意する。その後、良きパートナーと出会い、結婚。現在は主婦の傍ら、女性が根底から幸せになれる生き方を研究している。

世界一幸せなプリンセスになるための魔法の書

2021 年　8月 20日　初版発行

著者　　　木花かぐや姫
校正協力　森こと美
発行者　　千葉慎也
発行所　　合同会社 AmazingAdventure
（東京本社）東京都中央区日本橋 3-2-14
新槇町ビル別館第一２階
（発行所）三重県四日市市あかつき台 1-2-108
電話　050-3575-2199
E-mail info@amazing-adventure.net
発売元　　星雲社（共同出版社・流通責任出版社）
〒112-0005 東京都文京区水道 1-3-30
電話　03-3868-3275

ISBN978-4-434-29347-4　C0095